동백

동백

초판 1쇄 인쇄 2023년 8월 28일
초판 1쇄 발행 2023년 9월 01일

지은이 강석희
발행인 서정환
펴낸곳 신아출판사
주 소 전라북도 전주시 완산구 공북1길 16
전 화 (063) 275-4000
팩 스 (063) 274-3131
이메일 sina321@hanmail.net
출판등록 제465-1984-000004호
인쇄·제본 신아출판사

저작권자 ⓒ 2023, 강석희
이 책의 저작권은 저자에게 있습니다. 서면에 의한 저자의 허락없이 내용의 일부를
인용하거나 발췌하는 것을 금합니다.
COPYRIGHT ⓒ 2023, by Kang Seokhui
All rights reserved including the rights of reproduction in whole or in part in any form.
저자와 협의, 인지는 생략합니다.
잘못된 책은 바꿔 드립니다

ISBN 979-11-93055-77-9 (03810)

값 12,000원

＊잘못된 책은 바꿔 드립니다.

동백

강석희 시집

신아출판사

시인의 말

시인은 시로써 말해야 한다고 한다.
또한 사물의 언어를 대변해야 하는 게 시인이다.
이번에 첫 시집을 내면서 나는 과연 여기에 충실 하였는가 반문 해 본다.
아쉽게도 내 가슴속 한편엔 아직도 먼지가 쌓인 채 유물처럼 시어들이 쌓여 있다.
모든 것을 다 털어 내고 가슴이 뻥 뚫린 청량감을 누리는 것은 아무래도 다음으로 미뤄야 할 것 같다.
그러나 등단한 이후 가슴속 시어들을 끄집어내는데 조금은 익숙해진 걸로 위안을 삼고 싶다.
언어로 그림을 그리는 작업이 쉽지만은 않지만 보석 같은 재료들을 발굴해서 모두에게 울림을 줄 수 있는 최고의 작품을 만들고 싶다.
끝으로 나에게 시의 길로 이끌어 준 신해식 선생님께 진심으로 감사를 드리고 처음 시를 쓰게 된 계기가 되었던 순간도 마음속에 여전히 건재함을 감사하고 싶다.

2023. 8. 5.
동산同山 강 석 희

차 례

제1장
봄

그대 사랑　010
봄꽃　012
사랑　014
봄이 오면　016
봄바람　018
처음 가는 길　020
나, 가거든　022
민들레꽃 마음　024
봄꽃　026
개나리꽃　028
절정　030
봄날은 간다　032
아침에　034
배꽃　036
고사리　038
새벽　040

갓바위 부처　042
보문사에서　044
석양　046
시련은 향기가 된다　048
봄　050
연가　052
꽃보다 예쁜 그대　054
고백　056
꽃의 마음　058

제2장
여름

그대 그리고 나　062
나도 나무처럼 살고 싶다　064
찔레꽃　066
나비처럼 날아온 당신　068
나는 알아요　070
나그네는 길을 묻지 않는다　072
회문산의 아침　074
귀향　076
본다는 것은　078
한 꽃　080

연어의 꿈　082
달빛 소나타　084
도망자　086
한여름 밤　088
숲에서의 유영　090
몽돌　092
여름　094
포로가 되어버린 붕어섬　096
비우니까 좋다　98
윤호　100
살아간다는 것　102
단절의 희열　104
울릉도 가는 길　106
생존 수영　108
바람도 흐른다　110

제3장
가을

텃밭　114
가을이 오면　116
돌아보니 바람인 것을　118
코스모스　120

연민　122
가을 머문 주왕산　124
예순의 깨달음　126
와운 천년 송　128
외면　130
낙엽　132
하루　134
늦가을 풍경　136
마니산 참성대에서　138
10월의 안부　140
낙엽, 함부로 밟지 마라　142
허수아비　144
잡초　146
9월의 민들레　148
가을엔 떠나고 싶다　150
기다림　152
허무　154
그 산속엔 혼자가 아니다　156
꿈꾸는 낙엽　158
철새가 되어…　160
가을의 이별　162
산길을 걸으면　164

제4장
겨울

동행 168
어머니를 보내고 170
준비 없는 이별 172
마음속의 칼 174
흔적 176
시간 178
눈이 내리면… 180
도둑 182
눈 세상 184
동지팥죽 186
나목의 꿈 188
한 해를 보내며 190
희망 192
2월 194
불꽃 196
어머니의 핸드폰 198
내 어머니 200
나와 어머니 202
첫눈 204
임 그리운 밤 206
지는 해 208

미움 210
어머니의 방 212
한겨울밤 214
동백 216

평설 218
— 감성을 깨우는 울림으로 피어난 시
　　　　　　신해식(시인)

제 1 장

봄

그대 사랑

그대의 달콤한 목소리는
잠든 나의 영혼을 깨우고
그대의 따뜻한 눈길은
봄날의 햇살처럼 나를 설레게 한다

그대의 부드러운 손길은
꽃잎에 스치는 봄바람이고
그대의 몸짓으로 뜨거워진 마음은
봄눈처럼 녹아내려 그대에게 스며든다.

봄꽃

꽃은 봄비가 피우는 거 아니다
보고픔이 사무쳐
저절로 삐어져 나오는 것이다
나는 오늘도 꽃을 피운다.

사랑

사랑은 이른 봄 연둣빛 새순이다
그리움이 사무쳐 피어나기 때문이다

사랑은 석양의 붉은 노을이다
보고 있으면 물들기 때문이다

사랑은 처연히 흐르는 강물이다
출렁이며 한 곳을 향하기 때문이다

그리워 꽃 피우고 서로에게 물들어서
더불어 출렁이며 가는 게 사랑이다.

봄이 오면

봄이 오면 꽃만 보아라
응달에 잔설은 보아 무엇하리
햇살은 바람처럼 스며들 것이니
연둣빛 새순이 그댈 반겨 줄 것이다

언젠간 꽃도 지고 잎사귀도 지겠지만
그것은 새봄을 준비하는 긴 침묵일 뿐,
삭풍이 요란을 떨다 물러가면
봄은 다시 오기 위해 꽃을 피운다.

봄바람

따뜻한 남풍이 봄소식을 전하면
왠지 가슴이 설레입니다.
떠난 임 생각이 꽃처럼 피어나고
향기에 취해 너울너울 춤을 추다가
가만히 바람 소리에 귀 기울이면
여기저기 꽃잎 터지는 소리가
임이 오는 발자국 소리인 양
가슴은 콩닥콩닥 두근거려
나도 모르게 바람을 따라갑니다.

처음 가는 길

그대와 함께 가는 길은
내가 처음 가는 길입니다
한 번도 가지 않은 길이
두렵기도 하지만
둘이서 가는 길은 설레기도 합니다
길이 없는 길은
둘이 가면 길이 됩니다.

나, 가거든

나, 가거든
5월의 활짝 핀 장미꽃처럼
슬프지 않았으면 좋겠습니다
나와 함께했던 시간들이
떠난 슬픔을 덮을 수 있도록
그대의 향기로운 꽃으로 살겠습니다

꽃으로 살다 꽃잎처럼 지더라도
내가 떠난 그 자리에 향기로 남아
혹여 내가 사무치게 그리울 때면
그대의 가슴 속에 꽃으로 다시 피겠습니다.

민들레꽃 마음

담 밑에 핀 노란 민들레꽃 한 송이
홀씨 멀리 보내기 싫어 여기에 피었나,

내 사랑 뒤에도 담 하나 있으면 좋겠다
바람 불어도 멀리 떠나지 않게…

봄꽃

그것은 함성이다
폭죽처럼 터지는 그리움이다
시린 겨울 견뎌내고
산 넘어 성큼성큼 걸어오는
임의 발자국 소리에,
머리 위에 살포시 내려앉는
임의 미소 같은 햇살에,
설레인 가슴이 터지는 것이다.

개나리꽃

죽은 듯 무심히 방울새의 놀이터가 되고
차가운 바람이 언 가지를 훑고 지나가도
숨겨진 희망은 드러내지 않는다
남풍이 봄을 싣고 지나갈 때
천 개의 가지로 봄을 낚아채며
숨겨 왔던 희망을 터트린다
노란 희망은 함성처럼 퍼지고
죽은 듯 마른 가지는 노란 꽃담이 된다.

절정

겨우내 꽁꽁 얼었던 가슴은
햇살의 애무에 속절없이 녹아내리고
숨겨 왔던 순정은 꽃으로 피어나
녹아내린 마음을 춤추게 한다

그윽한 향기가 몸속에 스미면
설레인 마음이 꽃처럼 붉어지고
과부의 절개가 한낱 허세였음을
바람에 날리는 꽃잎이 말한다.

봄날은 간다

화사한 꽃으로 산야를 누비며
대지의 심장을 뛰게 했던
봄날의 화냥기는
뜨거워진 달빛에 옷을 벗는다

달빛 한 조각 끌어안고서
숨죽이며 뜨거운 사랑을 나누고
새벽녘 떠나는 임 못 잊어
눈물은 이슬 되어 꽃잎에 맺힌다

하룻밤 사랑은 가슴만 태워놓고
달빛 물든 꽃잎은 바람에 날리며
고작 두어 달 요란했던 봄날은
산 그림자 속으로 도망치듯 떠난다.

아침에

어둠이 주섬주섬 짐을 챙겨 떠나면
하늘의 별들이 풀잎에 내려앉는다
먼동은 출산의 고통을 감내하느라
동녘 하늘을 벌겋게 물들이고
잠에서 깬 미루나무가 기지개를 켜며
부지런한 까치에 어깨를 내준다
세상을 호령하듯 수탉의 포효가
밤새 터널 속에 갇힌 나를
눈부신 햇살 속에 꺼내 놓는다.

배꽃

휘영청 밝은 달빛 쏟아질 때
수줍게 핀 하얀 배꽃,
파르르 떨며 이슬 덥석 안고
교교한 달빛에 몸을 던진다
꽃잎은 눈송이처럼 흩어지고
뜨거워진 바람이 식을 때쯤
꽃자리엔 주렁주렁 달덩이 걸린다.

고사리

꽉 움켜쥔 주먹 손엔
봄이 숨어 있다
그 주먹 펴면
살랑살랑 봄바람 만드는 부채 되어
여름을 부른다.

새벽

밤새 울던 부엉이도 잦아들고
졸린 별빛 하나둘 스러질 때
고요한 평화가 안개처럼 내려앉아
산천은 어둠을 뚫고 박동을 시작한다

식어있던 동녘에 여명이 움트면
새벽은 출렁이며 포효를 하고
가장 낮은 곳에서
가장 높은 곳을 향하여
불끈 희망이 솟아오른다.

갓바위 부처

팔공산 천 계단을 오르고 올라
갓바위 부처님을 친견할 제,
부처님 표정은 웃는지 우는지,
깊고도 깊은 고뇌와 번민이 서려 있다

무겁게 들고 온 마음속 소원을
내놓지 못하고 머뭇거릴 때
절박하지 않은 소원은 욕심이라고
갓바위 부처님은 표정으로 말한다

욕심을 허공에 날려 버리고
부처님 친견한 걸 위안 삼아
내려오는 발길은 나비처럼 가벼워
보지 못한 풍경이 눈 속에 들어온다.

보문사에서

부처님 오신 날 힘겹게 올라간
보문사의 법당에는 부처가 없다
수만 개의 탐욕만이 주렁주렁 걸려 있고
사람이 만든 불상 앞에서
사람들이 소원을 빌고 있다
오래된 암벽에 새겨진 관음상엔
석공의 마음이 풍상에 바래진 채
사람들의 이기심이 덕지덕지 붙어 있다
이기심과 욕심을 허공에 날리니
눈에 보이는 것들이 모두 부처님이 된다.

석양

석양에 붉게 물든 노을은
몇 섬의 설움을 흘려 놨기에
산마루에 걸친 저 태양은 식어서
어둠 속에 서럽게 묻히려 하는가,

한낮의 절정은 봄날의 꽃잎처럼
바람의 야속함을 탓할 겨를도 없이
짧은 순간은 기울어 버리고
침묵의 긴 시간을 가져야만 한다

그러나
그것이 어찌 빛의 소멸이라 할 수 있겠는가,
터널 속에서도 기차는 달리듯
분명 새벽은 성근 태양을 토해놓고
대지의 심장을 다시 뛰게 하리라

시련은 향기가 된다

찬바람이 할퀴고 지나간 자리엔
붉은 슬픔이 허공에 날린다
애잔한 마음은 별처럼 흩어지고
초록의 기억은 대지에 스며들어
황량한 나목들의 든 잠을 깨운다

달빛 부서지는 처연한 밤에도
형형한 눈빛엔 희망이 싹트고
잔가지 울어대는 눈보라 속에서
꺾이지 않는 나목의 마음은
새봄 피워낼 꽃들의 향기가 된다.

봄

사실은 지난여름부터 기다렸다
청춘을 태우며 희망으로 버텨 왔고
허공에 날리는 열정의 부스러기가
식어버린 가지에 상처를 남겨도
봄을 생각하며 걸어왔다

삭풍 몰아치는 들판을 지나서
양지바른 둔덕에 그리움 펼치면
어딘가에 웅크리고 있을 봄은
나비처럼 사뿐히 내게 날아와
마음속 웅어리진 사모를 꺼내어
깃발처럼 펄럭이며 함성을 쏟아 내리라.

51

연가

초록의 색깔로 한껏 설레어
같은 꿈을 꾸며 같이 걸어온 길,
비가 오면 함께 비를 맞고
눈이 오면 함께 눈을 맞으며
서로에게 곱게 곱게 물들어서
하나의 색깔로 꽃을 피운다

연분홍도 아니고 보라색도 아니지만
구수한 향기는 내 마음의 고향이다.

꽃보다 예쁜 그대

나에게 꽃으로 왔던 너,
반짝이던 꽃잎은 향기로 남아서
햇살보다 따듯하고 달빛보다 부드럽다

흐르는 세월에 갈꽃이 피었어도
저물녘 강가의 붉은 노을처럼
꽃보다 예쁜 내 안의 꽃이 된다.

고백

보고픔이 사무쳐 껍질 뚫고 나와
향기 적신 고운 옷 입고서
목 길게 빼고 그댈 기다렸지만
무슨 까닭인지 그대는 오질 않고
야속한 바람만이 흔들어 놓고 갑니다

홀연히 나타날 그대를 기다리며
하루 이틀 열흘이 지나고
절절한 마음은 오지 않는 그대에게
남은 향기 바람에 띄워 보내고
길목에 마른 꽃잎 뿌려 놓았습니다.

꽃의 마음

빨간 꽃 파란 꽃 분홍 꽃 하얀 꽃-
색깔도 가지가지 모양도 가지가지
누군가를 기다리는 마음은 하나,

보고픔이 사무쳐 가슴 터질 때
임 찾아오라고 쏟아내는 향기
그 절절한 마음은 재회의 약속이다.

제 2 장

여름

그대 그리고 나

별 하나가 내게로 왔다
꺼지지 않는 그 별은
내 가슴속 깊이 들어와
심장의 뜨거운 피가 섞이고
별은 내가 되고 나는 별이 된다

이렇게 너와 내가 하나 되어
어둠을 밝히는 등불이 되고
깊은 밤 속삭였던 별빛 사랑은
풀잎에 맺힌 영롱한 이슬처럼
설익은 햇살을 반짝거리게 한다.

나도 나무처럼 살고 싶다

한번 태어나면 그 자리만 지키는
나무의 지조를 닮고 싶다
바람에 가지가 흔들릴지라도
그 바람을 따라가지는 않는다

봄이면 새싹 틔워 꽃을 피우고
여름이면 스스로 그늘을 만들며
가을엔 아낌없이 버릴 줄도 알고
세월이 지날수록 거목이 되는
그런 나무처럼 나도 살고 싶다.

찔레꽃

가만히 보아야 예쁘다
수줍은 듯 하얀 속살 드러내고
시선을 빼앗는 너는 누구냐
소박하고 단아한 작은 꽃잎과
감미롭고 은은한 너의 향기가
누굴 닮은 듯, 누가 너를 닮은 듯,
아, 네가 찔레꽃이구나.

나비처럼 날아온 당신

나비처럼 사뿐히 날아온 당신,
달콤한 노랫소리에 문을 열고
향기 적신 꽃잎 내주었습니다

내 안에 당신 꿈틀거릴 때
바람이 날 흔들며 유혹해도
하늘 향해 꽃잎 곱게 피웠습니다.

나는 알아요

아침에 떠오르는 태양보다도
당신은 언제나 먼저 떠오릅니다

한낮의 따사로운 햇살보다도
당신은 더 뜨겁게 내 곁을 지켜줍니다

저녁이면 지는 태양보다도
당신은 더 오랫동안 내 곁에 머뭅니다

당신이 보이지 않는 어두운 밤에도
당신은 분명 나를 향해 걸어옵니다

내 안에 당신이 있기에
당신이 그러한 줄 나는 압니다.

나그네는 길을 묻지 않는다

나그네는 길을 묻지 않는다
가야 할 곳을 알기 때문이다
험한 길 고운 길 가리지 않고
담대하고 의연한 걸음걸음은
산을 보고 바다를 떠올리지 않고
바다를 보고도 산을 떠올리지 않는다

후회 없이 머물렀던 순간순간이
바람 같은 나그네의 길이 되고
강물처럼 흘러온 세월 속에
진주처럼 품었던 그 마음은
길 위에 한 떨기 꽃이 되어
오늘도 내일도 무장무장 피어난다.

회문산의 아침

안개 낀 회문산엔 소리만 들린다
물소리 새소리 바람 부는 소리,
눈앞에 경치는 보이지 않고
소리가 회문산을 눈앞에 놓는다

보이는 것은 진실이 아니며
보이지 않는 곳에 진실이 있다,
한줄기 햇빛이 안개를 헤치며
진실을 펼쳐놓고 내게 말한다.

귀향

걸어온 길이 흙길이면 어떻고
꽃길이면 또한 어떠하리

꽃처럼 피어나 사랑을 나누고
열매 맺어 훗날을 기약했으니
꽃잎 진들 무엇이 서러우랴

쉼 없이 달려온 인생길
한 줌의 후회도 미련도 없을 터
바람의 야속함을 탓 하겠는가

그 바람 따라 별빛 쏟아질 때
창공을 향해 비상의 날개를
나 주저 없이 활짝 펴리라

본다는 것은

햇살 쏟아지는 창밖에 풍경을 본다
대나무 숲이 넘실대며 서걱거리고
어디선가 산까치 몇 마리 날아와
고개를 갸우뚱거리며 나를 쳐다본다
안과 밖의 경계에 파르르 긴장이 흐른다

누군가를 일방적으로 보는 것은 없다
무엇을 본다는 것은 상대도 나를 보는 것,
마음이 눈빛보다 먼저가 닿는다
평화는 평화를,
분노는 분노를,
댓잎의 노랫소리가 방안의 나를 흔든다.

한 꽃

6월의 몽골 초원은
하늘의 은하수처럼 야생화가 핀다
수만 수억의 꽃이
저마다 자태를 뽐내며 피지만
내 눈에 들어온 꽃은
오직 한 꽃이다

고개 숙이지 않고 활짝 웃는 모습과
가녀린 듯 꺾이지 않는 줄기와
열여덟 소녀의 입술빛 꽃잎은
밤하늘의 샛별처럼 눈에 띈다

가만히 앉아 그 꽃과 눈 맞출 때
가슴속 깊이 스며드는 향기로
내 마음을 분홍빛으로 물들인 한 꽃,
빛나는 별이 되어 내 가슴에 박힌다.

연어의 꿈

연어의 꿈은 죽음이다
죽어야만 다시 태어날 수 있어
거친 물살을 거슬러 오르고
폭포와 절벽을 뛰어넘는다
혼신을 다해 다시 찾은 고향에서
갈기갈기 찢어지는 육체의 고통과
비로소 새 생명을 맞바꾼다
죽어가는 연어의 눈에는
끝없는 대양의 물결을 헤치며
춤을 추는 한 무리의
연어들이 스쳐 간다.

달빛 소나타

커튼 사이로 이슬처럼 달빛 내려
촉촉해진 내 마음은
달빛 한 자락 끌어안고
임 생각으로 하얗게 밤을 보낸다

어디선가 내 님도 달빛에 젖으며
내 생각하고 있겠지,
달이 내 마음 아는지 방긋 웃는다
나도 방긋 웃었다.

도망자

풀숲에 스르륵 숨어드는 뱀처럼
나는 산속으로 들어가 숨었다
깊은 산속에 거미집을 지어서
고운 달빛 처마 끝에 걸어놓고
시루떡처럼 쌓인 사상을 꺼내어
허기진 의식의 공간을 채운다

적막은 사유의 깊이를 더하고
번뇌는 망각의 언저리에 안주하여
발아된 자아가 어둠을 헤치고
교교한 달빛에 화살을 쏘았다
깨진 달빛이 나를 덮쳐 오고
별들이 우박처럼 쏟아지며
나는 완벽한 포로가 된다.

한여름 밤

땅거미 내리고 어둠이 찾아오면
마당 가운데에 모깃불이 켜지고
구수한 냄새가 울안에 퍼진다

평상 위엔 꼬마 녀석들
할머니의 구수한 옛이야기 듣노라면
별처럼 반짝이던 눈망울들은
하나둘 꿈나라의 별이 되고
인자하게 웃고 있던 둥근 달은
달빛 내려 포근히 감싸 준다.

숲에서의 유영

숲 깊숙이 들어가 본다
몸은 서서히 녹색으로 물들고
헤엄치듯 숲 사이를 걸어가며
깊고 푸른 숲의 바다에 빠져든다

새들의 노래는 물결처럼 퍼져나가
푸른 잎을 살랑대며 춤추게 한다
나는 물고기처럼 휘적휘적
숲의 한 조각으로 떨어져 나온다.

몽돌

어느 바닷가에 작은 몽돌 하나,
거대한 산 하나가 숨어 있다
수억 년 바람과 비에 깎이고
산 하나를 간직한 몽돌이 되었다

다시 모래가 되는 그날까지
또 수억 년을 견뎌야 하는
작은 몽돌 하나가
위선과 허세가 판치는 세상에
보이는 것이 전부가 아니라고
끊임없이 밀려오는 파도를 향해
힘차게 외치고 있다.

여름

버섯처럼 옹기종기 모여 있는
초가집 고샅길 언저리에는
더위에 지친 가죽나무 잎사귀에
살찐 햇살이 아슬하게 앉아있다

고샅길 따라 실개천 여울목에선
한줄기 소나기를 외치며
송사리 떼가 시위를 하고
게으른 두꺼비의 하품에 풀잎이 떤다

모정 옆 늙은 둥구나무 위에는
한낮의 절정이 꾸벅꾸벅 졸다가
바람결 갈꽃 냄새에 깜짝 놀라
햇살 한 조각 팔랑거리며 떨어트린다.

포로가 되어버린 붕어섬

물 빠진 옥정호엔 붕어가 갇혔다
붕어 등에 말뚝을 박고서
육지의 산허리에 쇠줄로 묶어 놓았다
붕어는 숨이 막혀 움직이지 못하고
비늘은 벗겨져 누런 속살이 드러났다

물이 차면 붕어는 다시 떠오르겠지만
상처 난 붕어섬은 예전의 신비로움도,
물길을 가르는 힘찬 파닥거림도,
거북이 등 같은 바닥에 누운 채
건너편 사공만 하염없이 기다린다.

비우니까 좋다

뱃속을 비우니 몸이 가볍다
욕심을 버리니 마음이 편하다
가진 것을 다 놓으면
하늘을 날 수 있겠다.

윤호

하늘에서 별 하나가 내게로 왔다
허전한 마음이 별빛으로 가득 차고
마음속 깊은 곳에 보석이 된다

웃다 울다 다시 웃는 그 별은
잔잔한 마음을 출렁이게 하고
적막했던 집안이 꽃밭이 된다

이렇게 예쁜 별 하나가
내 삶에 또 다른 이유가 되어
마음이 다시 콩닥콩닥 뛴다.

살아간다는 것

살아간다는 것은 멈추지 않는 것,
끊임없이 부딪히고 상처를 입는 것,
부딪치며 부딪히며 침묵하는 것,

그래서
바람을 멈추고 향기로 남는 것.

단절의 희열

가위로 싹뚝 잘랐다
순간 팽팽했던 긴장의 끈이 풀리면서
연결됐던 모든 것으로부터
자유가 시작된다

소유와 관계를 추구하지만
그것은 또 다른 굴레의 시작일 뿐,
꽃을 떠나야만 나비는 하늘을 날 수 있다.

105

울릉도 가는 길

하늘과 바다가 조개처럼 입을 벌린
끝이 없는 끝을 향해
설레인 배 하나가 출렁이며 떠간다

멀리 바라본 수평선은 고요한데
파도는 뱃전에서 유리처럼 부서지고
수면을 가르며 지나온 궤적은
검푸른 바다가 흔적 없이 삼킨다

넘실대는 바다 같은 내 마음은
갈매기보다 빨리 바람보다 더 빨리
목 내민 항구에서 나를 기다리며
지나온 내 삶의 궤적을 명징한다.

생존 수영

뜻하지 않게 물에 빠졌을 때
살아남는 생존 수영이 있다
온몸에 힘을 빼고 호흡을 들이마신 뒤
반듯이 누우면 저절로 물에 뜬다

삶에도 이와 같은 생존 수영이 필요하다
강물처럼 흐르는 삶의 복판에서
움켜쥐고 지키려다 침몰하느니
포기하고 버리면 나를 살린다.

바람도 흐른다

새봄 도란도란 피어나는 꽃망울도,
바람에 휘둘리다 떨어지는 늙은 꽃잎도,
사실은 흐르는 것이다

먹이를 노리는 솔개의 은밀한 비행도,
계절을 건너 떠나는 한 무리의 철새도,
결국은 흐르는 것이다

구름은 바다가 그리워 흐르고
바다는 구름이 그리워 흐르며
세월도 바람처럼 현재를 명징할 뿐,
결국은 흐른다.

제 3 장

가을

텃밭

내 마음속엔 작은 텃밭이 있지요
지금까진 욕심과 미움을 심었지만
이제부턴 그대를 심겠습니다
진실한 사랑으로 정성껏 가꾸면
쓸쓸히 낙엽 지고 찬바람 불 때에
그대의 따뜻한 사랑의 열매가
내 마음을 풍성하게 하겠지요

그대라는 씨앗을 살며시 꺼내봅니다.

가을이 오면

가을 냄새 머금은 바람이
몸속 깊숙이 스며들 때
텅 빈 마음은 사랑을 찾아서
앞산에 훨훨 타오르는 단풍처럼
빨간 사랑에 빠지고 싶다

가슴 흠뻑 적시는 뜨거운 사랑을
마지막 한 잎까지 태워버리고
앙상해진 몸으로 겨울이 올지라도
밤하늘에 별처럼 반짝이는
지울 수 없는 사랑을 하고 싶다.

돌아보니 바람인 것을

모든 것은 스치는 바람과 같은 것,
찰나의 순간을 영원처럼 착각하고
허상을 내 것인 양 끌어안고서
불나방 되어 한세상을 살다가
바람 한 자락 불어오니
낙엽 우수수 날리며 가을이 간다.

코스모스

시리도록 파란 하늘 그리워서
바람 따라 활짝 핀 그 꽃잎,
어여쁜 순정이 꽃잎에 물들어
설익은 가을이 무르익어 간다
청순한 향기는 꽃길 따라 퍼지고
한들한들 춤사위에 햇살이 여윈다.

연민

애처롭게 메달린 산수유 열매를
바람에 떨어질까 거미가 묶어 놓았다
나무가 열매를 놓지 못하는 걸까
열매가 나무를 버리지 못하는 걸까

거미는 차마 이 마음을 버리지 못한다.

가을 머문 주왕산

우뚝 솟은 바위를 살짝 가린 잎이
새색시 볼처럼 붉어져 있고
수정 구슬을 흘려놓은 듯 골짜기마다에는
크고 작은 소들이 모여 있다
새들의 신나는 노랫소리에
흥겨운 듯 미소 띤 사람들의 얼굴이
단풍처럼 곱게 물들어 살랑거린다.

예순의 깨달음

봄 여름 가을 겨울이 허무의 퇴적을 쌓으며
예순 번을 돌고 돌아 참 오래도 산,
길가의 작은 들꽃과 눈을 맞춰 보지도 못하고
맑은 호수에 비친 파란 하늘이
하얀 구름 때문임을 알지도 못했다

이제 예순의 나이가 되어 보니
하늘의 별은 어둠이 있기에 빛나 보이고
가을의 스산함은 봄을 준비하는 것임을,
저녁 노을의 황금빛이 저물면
어둠은 보석 같은 별빛을 쏟아 내리라
한 생각이 바람처럼 스쳐 간다.

와운 천년 송

구름 걸친 능선에 우뚝 서서
천년을 살아온 와운 천년 송
용의 몸통처럼 우람한 기둥은
굽어지고 휘어진 천 개의 가지에
천년의 세월이 고스란히 녹아있다

바람에 실려 온 세상 소식이
가지가지에 주렁주렁 열려 있고
한 여인의 간절한 소원은
갑옷 같은 껍질에 뚝뚝 묻어난다

바람과 햇살과 달빛을 머금고
지리산과 몸을 섞어 하늘로 솟구치며
호령하듯 다가올 천년을 준비하는
지리산의 영원한 천하대장군이다.

외면

낮엔 산을 품고
밤엔 달빛을 품은
길 잃은 물들이 모여 있다
그리움은 물속에서 달빛으로 피어나고
하늘의 별은 내 눈 속에 들어와
찻잔에 별빛 한 조각 넣고서
향기에 잠시 너를 잊어 본다.

낙엽

제 몸이 무거워 떨어지는 건 아닐 것이다
때가 되면 놓는 걸 낙엽은 안다
바람도 이 마음 아는 것일까
아프지 않게 살짝이 받아 준다
집착하지 않는 낙엽 하나가
인연의 수렁 속에 빠진 나에게
죽비 되어 머리를 내려친다.

하루

동녘 하늘에 먼동이 트면
햇살은 하늘 향해 펼쳐지고
어제 누군가는 그토록 갈망했던
오늘이 시작된다

어떤 이는 내일을 위해 오늘을 살 것이고
또 어떤 이는 과거에 얽매여
오늘이 온 지도 모르고 지나간다

그렇게 살든 이렇게 살든
하루는 저물어 석양의 노을은
살아있는 자의 가슴을 물들여
또 다른 내일을 설레게 한다.

늦가을 풍경

갈꽃 피어 있는 개울가에
늙은 시골집 한 채,
툇마루에 앉아있는 노부부의 머리에도
갈꽃이 피었다
가을은 떠날 채비를 하는 듯
마지막 남은 낙엽 한 잎이
바위보다 무겁게 뚝 떨어진다
부부의 눈 속엔 공허함이 가득하고
겨울이 다가왔음을
사람도 풍경도 아는 듯하다.

마니산 참성대에서

마니산 참성대에 올라 보니
강화 너른 들이 발아래 펼쳐지고
운무는 넘실대며 산허리를 휘감는다

단군의 얼이 서린 재단은 구름 위에 떠 있고
상서로운 기운은 내 몸을 감싸며
향 내음이 안개처럼 피어오른다

신선이 노닐다간 자리에는
아직 온기 남아 있어
가만히 눈을 감고 그 모습 그려 볼 때에
구름 속 도포 자락이 바람에 펄럭이며
천상의 향기가 꽃비 되어 내린다.

10월의 안부

반짝이는 은하수에 둥실 떠가는
저 조각달을 그대도 보고 있는지요
나는 산사의 고요한 적막에 묻혀
이따금 들려오는 풍경 소리가
혹 그대 발자국 소리인 양,
설렌 가슴에 방문을 열고
떨어지는 낙엽에 눈물 한 방울 보탭니다

세월의 강 건너 올 수 없는 그대는
저녁을 지나 새벽빛 와 닿으면
눈물 같은 이슬로 안부를 묻겠지요
언젠가 만날 그대를 그리며
오늘도 난, 스러지는 이슬 한 줌
대답 없는 그대 앞에 놓고 옵니다

잘 지내셨는가요…

낙엽, 함부로 밟지 마라

낙엽, 함부로 밟지 마라
너희는 살면서 한 번이라도
푸른 세상을 만든 적 있느냐

푸르게 살다 붉어지는 마음 못 견뎌
허공에 스스로 몸을 던지는
낙엽의 처연한 절개를 아는가,

낙엽 함부로 밟지 마라
절개는 나목 속에 스며들었고
앙상한 등뼈만이 푸른 꿈을 꾼다.

허수아비

너른 들판에 하늘을 떠받치고
표정을 감추며 한곳을 응시한다
바람은 날보고 비웃고 가지만
내게는 살아갈 이유가 있지,
누군가를 하염없이 기다린다는 것은
끊임없이 흔들리며 버티고 있는 것,

잡초

내 뜻은 아니었다
어느 날 눈을 떠 보니
먼지 쌓인 마실 길 언저리에
허연 서리를 뒤집어쓰고
꿈틀거리며 움트고 있었다
햇살의 따스함을 느낄 겨를도 없이
무심한 발길에 상처는 일상이 되고
그럴수록 나는 질겨져 갔다
천 번을 밟히고 천 번을 일어나
하이얀 꽃잎 초연히 필적에
나비 한 마리 햇살 한 자락
사뿐히 내려와 머리에 앉는다.

9월의 민들레

우연히 눈에 띈 민들레꽃 한 송이
아무도 봐주지 않는 구석진 운동장을
등불처럼 밝히며 꼿꼿하게 서 있다
철이 한참이나 지난 지금에서야
꾸역꾸역 피워낸 그 꽃잎은
전장에서 살아온 병사처럼
노오란 꽃잎이 방긋방긋 웃는다
무심한 발길에 상처는 많아도
바람이 두렵지 않은 영웅이 되었다.

가을엔 떠나고 싶다

연인의 눈빛 같은 햇살이
내 사는 마당에 소복이 쌓이면
젖은 마음 꺼내어 널어놓고
보송보송 말리고 싶다

갈꽃처럼 가벼워진 마음이
미풍에 실려 어느 곳에 도달하면
그곳에선 젖지 않는 마음으로
햇살 같은 사랑을 하고 싶다.

기다림

마당에 서리처럼 쌓인 달빛 위엔
동동거린 발자국도 쌓여 있다
열린 사립문엔 바람만 왔다 갔다
단풍 따라 온다던 그대는 소식이 없고
찬바람에 우수수 날리는 낙엽처럼
애달픈 마음만 허공에 흩어진다.

허무

기차가 달려온다
한 무리의 들소 떼가 나를 집어삼켰다가
토해놓고 사라진다
찰나의 순간 눈과 귀는 막혔다가 뚫리고
이내 적막이 산처럼 나를 짓누르며
끝없는 평행선만이 시선을 끌어당긴다
기억은 지나가 버린 잔상을 놓지 않으려
애를 쓰고 있다
점점 힘이 빠진다.

그 산속엔 혼자가 아니다

어둠이 스멀스멀 나의 움막을 포위하기 시작하면
나는 작은 초 하나 꺼내 불을 밝힌다
순간 어둠들이 바퀴벌레처럼 구석으로 몸을 숨기며
촛불은 용맹한 장수처럼 나를 지켜준다
나는 책을 한 권 꺼내 들었다
그러나 책은 쉽사리 머릿속에 들어오지 않고
어디선가 들려오는 풀벌레 우는 소리에
머릿속은 거미줄처럼 복잡해진다
잠시 책을 덮고 마루에 나가 하늘을 보았다
까만 도화지에 보석을 뿌려 놓은 듯
별들이 어두운 밤하늘을 총총히 밝히고
마당 한구석 늙은 소나무 가지엔
여인의 얼굴 같은 둥근달이
수줍은 듯 가지 사이에서 나를 훔쳐본다
허기진 마음을 달빛으로 채우며 까만 밤을
하얗게 보내는 동안 어둠과 싸운 촛불은
장렬한 최후를 마치고 여명이 어둠을 걷어 내며
성근 태양이 횃불처럼 어둠 속 나를 구출한다.

꿈꾸는 낙엽

바람이 머문 자리엔 추억이 쌓인다
누군가 밟아도 기억의 편린들을 움켜쥐고
푸르던 시절의 흔들렸던 마음으로
꿈틀거리며 무언의 저항을 한다

추억을 하나씩 호명하다가
녹슨 시간이 켜켜이 쌓이면
앙상해진 등뼈는 활처럼 휘어지고
초록의 날개가 눈앞에 서성이는
허공을 향해 새처럼 날아오른다.

철새가 되어

나는 거대한 새의 뱃속으로 들어가고
양분이 가득 찬 새는
하늘을 날기 시작한다
구름을 뚫고 번개를 헤치며
바람보다 더 빨리 날아간다

계절을 건너 새로운 세상에 안착하면
양분이 고갈된 나는 분변처럼
새의 뱃속을 빠져 나와
낯선 풍경 속으로 아이처럼 들어가
잔잔한 마음이 풍선처럼 둥둥 뜬다.

가을의 이별

낙엽은 바람에 떨어지지 않는다
애틋한 마음에 손을 놓으면
차가운 발톱을 드러낸 바람이
잽싸게 낚아채며 흉터를 남긴다

앙상한 가지에는 봄이 숨어 있어
가을의 이별은 긴 침묵으로 말하고
재회의 순간은 나비처럼 다가와
상처 난 흉터에 미소처럼 핀다.

산길을 걸으면

산길을 걸으면 산사람이 된다
숲과 산새와 산짐승 그리고 나,
어우렁더우렁 모두가 하나 되어
다래 넝쿨처럼 산이 나를 감싼다

초록으로 물든 마음이 살랑거리고
지친 바람이 숨어들어 안식에 들면
먼 곳의 뻐꾸기 슬피 우는 소리에
나는 돌아가야 할 산을 찾는다.

제 4 장

겨울

동행

비가 오나 눈이 오나
언제나 같은 곳을 바라보며
꽃길이든 흙길이든 가리지 않는다

낙엽 지고 삭풍 불어와도
맞잡은 두 손엔 온기가 흐르고
세월의 끝자락에 함께 서 있는 것,

어머니를 보내고

죽는 날까지 자식을 기다렸던 어머니
요양원 천장에 자식들 그리다가
끝내 못 보고 가슴에 품고 가셨다

짧은 3일간의 장례식은
슬픔을 느낄 겨를도 없이
우리들 생각으로 가득찬 어머니를
어둡고 습한 땅속에 묻었다

가슴속엔 슬픔이 눈처럼 쌓이고
칼로 도려낸 듯 아린 가슴속 한편엔
맘 편히 살라고 늘 말씀하시던
어머니의 마음이 뭉게뭉게 피어난다.

준비 없는 이별

사랑한다는 말 한마디 못 했는데
동백꽃처럼 홀연히 떠난 당신은
아련한 추억만이 내게 다가와
소리 없는 슬픔이 비처럼 내립니다

햇살 같은 사랑 주기만 하고
당신은 어둠 속 저편으로 가셨지만
마음속 당신 보내지 못하는 것은
아직도 갚지 못한 사랑 때문입니다.

마음속의 칼

가슴속에 품은 큰 칼 하나,
사악한 검은 그림자를 두 동강 내고
나를 유혹하는 뱀의 혀를
가차 없이 베어 버린다

한 치의 오차도 망설임도 없는 칼,
산을 두 동강 낼 수 있고
강물도 베어 버릴 수 있는
그 칼의 주인은 바로 나.

흔적

삶이란 걸어온 흔적을 남긴다
눈이나 바위에 찍힌 발자국처럼
삶의 열정을 흔적으로 남긴다
흔적을 남기기 위해 살다가
흔적 없이 사라지는 게 삶이다

나는 바위에 찍힌 발자국을 남기고 싶다.

시간

태초부터 그는 나에게로 왔다
억겁의 세월을 뛰어넘어
나의 현재와 미래를 만들어 간다

얼음을 녹여 꽃을 피우고
바람을 불러 소리를 보내고
찰나의 순간을 벽돌처럼 쌓아서
삼라만상을 눈앞에 펼쳐놓는다

때론 번개처럼 빠르고
때론 거북이처럼 느리게
멈춰있는 모든 것들을
끝이 없는 끝을 향해
돌아오지 않는 강물처럼 흘러간다.

눈이 내리면

잿빛 구름이 한 점씩 떨어져 내려
나무를 덮고 산을 덮는다
삭막했던 숲은 눈꽃 세상이 되고
바람이 춤추며 지나간 길을
내 마음은 강아지처럼 저만치 앞서간다

사뿐히 떨어지는 구름 조각들이
내 마음속에 꽃처럼 피어나고
눈 지붕 굴뚝에선 구수한 이야기가
뭉게뭉게 산허리를 휘감으며
땅거미 지는 산촌의 마을에
들뜬 워낭 소리 울려 퍼진다.

도둑

겨울의 길목에서
숨어 있는 봄을 찾았다
때 이른 철쭉꽃 한 송이,
그리움이 얼마나 사무치길래
선홍빛 꽃잎은 내 눈을 홀리고
겨울의 마음마저 훔쳐 간다.

눈 세상

하늘이 밤새 요술을 부렸다
황량한 벌판 먼지 쌓인 도로,
하얀 눈꽃으로 입혔다
가식 같은 아름다움이지만
눈앞의 순백은 진실로 믿고 싶다
순간이라도 타인의 허물을 덮어주는
하얀 눈처럼 살고 싶다.

동지팥죽

추수가 끝난 황량한 벌판에
땅거미가 스멀스멀 내릴 때쯤
옹기종기 모여 있는 초가집 굴뚝에선
몽글몽글 구수한 연기가 피어오른다

액운을 물리치는 어머니의 마음은
보글보글 붉은 팥죽이 끓여지고
가족의 평안을 기원 하는 마음이
구수한 팥죽 속에 새알심이 된다.

나목의 꿈

초록의 향연을 누린 나무가
겨울 오는 길목에서 옷을 벗는다
삭풍이 화살처럼 살갗을 스쳐도
죽은듯한 가지 속엔 그리움이 숨어 있다
뜨겁게 피워낼 그리움을 지키며
겨울 나목의 시련은 절정의 시작이다.

한 해를 보내며

나 이제 너를 보낸다
사람의 마음이 간사한지라
처음 만났을 때 마음은 간데없고
눈물 없는 이별로 너를 보낸다

내 삶의 한 조각이었건만
후회와 아쉬운 기억의 편린들은
뱀의 허물처럼 벗어 버리고
설렘으로 또 다른 너를 기다린다

억겁의 세월이 흘러
어느 별에서 다시 너를 만나면
너를 기억하며 너와 했던 시간들이
뜨거웠었다고 말할 수 있으리라

희망

설악산 금강굴 작은 산막에 어둠이 들면
촛불을 밝혀 비장한 마음으로 어둠에 저항한다.
마른 나뭇가지 멱살 잡고 거칠게 흔들어 대면
산막의 문짝은 삐거덕삐거덕 울어대기 시작하고
심란한 마음에 책을 펴들지만
글은 거미처럼 흩어져 눈에 들어오지 않아
창문을 열면 늙은 소나무 가지 사이엔
둥근 달만이 하얗게 분칠한 여인처럼 엿보고 있다

힘에 겨운 듯 촛불은 몸부림을 치고
아무래도 오늘 밤은 어둠과 싸워야 할 것 같다.
분명 아침은 나를 구원하러 올 거니까.

2월

가만히 귀 기울여 보아라
들린다 봄이 깨어나는 소리들,
구멍 난 얼음장 밑에도,
죽은 듯 엉켜있는 개나리 가지에도
분명 봄은 깨어나고 있다

대지에 웅크려있던 봄들도
드디어 기지개를 켜기 시작하며
땅이 들썩들썩 거리고
종달새도 마음이 들떠 총총거린다
2월은 아무래도 짧다.

불꽃

꽃 중에 예쁜 꽃은 불꽃이다
시시각각 모양을 달리하며
하늘 향해 훨훨 피는 꽃,

얼은 손과 얼은 마음 녹여 주고
스스로를 태워 어둠을 밝히며
짧지만 뜨겁게 살다 지는 꽃,
내 삶을 닮아 예쁘다.

어머니의 핸드폰

함박눈이 펑펑 쏟아지는 날
홀연히 떠나가신 어머니
봄꽃 피우러 떠난 발자국이 핸드폰으로 남아
조약돌처럼 닳아버린 핸드폰 전원,
1번을 누르자 "큰아들" 하고
어머니가 나를 부르신다
2번은 작은아들 3번은 딸
4번은 큰며느리 5번은 작은며느리
그곳엔 어머니의 마음이 오롯이
발자국처럼 그대로 남겨져 있다

지울 수 없는 발자국,
어머니의 냄새가 내 손에 뚝뚝 묻어나
봄이 오면 어머니 찾아가야지
눈물 한 방울이 별처럼 핸드폰 위에 박힌다.

내 어머니

99세 어머니가 잠만 잔다
억지로 깨워 밥을 주면
잘 받아먹고 또 잔다
지린내가 나면 어김없이 오줌을 쌌다
무슨 꿈을 꾸는 것인지
가끔 헛소리를 하며 잘도 잔다
영락없이 한 살 아이가 된 어머니가
예쁘면서 슬프다.

나와 어머니

어머니를 두 번 묻었다
한 번은 요양원에 묻고
한 번은 산에 묻었다
두 번이나 묻고도
어머니의 마음을 알지 못했다
그러나 어머니는 두 번씩이나 묻히고도
늘 내 걱정을 하였다.

첫눈

첫눈 내리면 생각나는 그 사람
첫눈 오면 만나자 해놓고
떠나간 그 사람이 휘날리는 눈처럼
그리움으로 다시 찾아옵니다
쌓이는 눈과 함께 그리움도 쌓입니다

하얀 눈 위에 그려본 그 사람은
하염없이 내리는 눈에 금세 지워지고
오지 않는 그 사람이 혹시 올까 봐
하루 종일 눈밭을 서성이며
자꾸만 발자국을 찍어 봅니다.

임 그리운 밤

깊은 밤 커튼 사이로 달빛 스며들 때
임 닮은 달빛 따라 뜨락에 홀로 서서
내리는 달빛에 어깨를 내주고
고요한 적막이 가슴에 스미면
한숨에 별 하나가 꽃잎처럼 떨어져
사립문에 쌓인 달빛 우수수 날리고
내 마음은 어느새 임 마중 나간다.

지는 해

금빛 물결 찰랑이는 강가에 서서
지는 해를 무심히 보노라면
마음도 어느새 지는 해가 된다

바람을 따라가지 못한 갈대가 울고
한 무리의 철새는 어둠을 흘리고
강둑에 나는 새우처럼 등이 굽는다

어둠 속 강물이 은빛으로 출렁이면
떠났던 바람이 내 곁에 돌아와
왕버들 가지 끝에 걸린 그리움이 춤을 춘다.

미움

미움은 마음의 암이다
생각할수록 커지는 암 덩어리다
원인은 욕심에서 생긴다
유일한 치료 약은 용서이다

용서는 강한 자만이 할 수 있다
그러나 용서한 자는 이미 강한 자이다.

어머니의 방

보내지 못하고 홀연히 떠나가신
어머니의 방에는 아직도 어머니가 있다

삼복더위에도 추위에 떨다 가신 어머니가
방문을 열고 들어가면
와락 나를 껴안고 볼을 비비고 안부를 묻는다
정표처럼 덩그러니 놓고 간 어머니의 냄새가
꽃처럼 피어나는 순간이다

어머니!
그곳에서도 빈껍데기로 살아가려 하시는지요
당신은 늘 괜찮다고 하셨던 어머니가
또 한 번 눈앞에서 웃는다

나도 눈물로써 웃어 준다.

한겨울밤

달빛이 문을 두드리는 소리에
잠에서 깨어 문밖에 나오니
눈 쌓인 마당엔 달빛 내려앉아
고요한 적막만이 안개처럼 다가온다

헛헛한 마음을 달빛으로 채우며
임 닮은 둥근달을 하염없이 바라보는데
임의 얼굴은 자꾸만 멀어져가고
그리움만 눈발처럼 발밑에 쌓인다.

동백

선홍빛 붉은 꽃 차마 시들지 못하고
모가지가 뎅강 떨어지는 순정이여
뼛속까지 스며든 외로움 삭여내고
사무친 그리움이 터진 망울망울

성근 향기가 비처럼 흘러내려
젖은 땅 위에 해골처럼 뒹굴어도
서릿발 같은 절개는 가지에 남아
잎사귀도 바람에 숨을 죽인다.

| 평설 |

감성을 깨우는 울림으로 피어난 시

신 해 식 (시인)

　시는 일반적인 논리로는 도저히 표현할 수 없는 아름다운 감동의 세계를 간직하고 있다. 즉 아무도 맛보지 못한 체험이나 일상적인 의식 밑에 깔린 감정 세계를 표현하자면 우리가 쓰고 있는 일상적인 언어 몇 마디로는 아무래도 감당하기가 어려울 것이다. 따라서 언어에 생명력을 불어넣는 일은 시인의 중요한 책무이기도 하다.
　강석희 시인의 언어 표현 능력은 울림으로 시작한다. 시가 언어 예술이라는 자각을 가지고 자연을 관찰하고 발견하여 정확한 표현을 할 뿐만 아니라 투사와 유추, 연상하는 시인의 면모를 엿볼 수 있다. 무엇보다 중요한 울림은 강석희 시인의 언어 표현에 진솔함이 있다는 것이다.
　강석희 시인의 언어가 일상생활에서 단순히 의사를 전달하는 논리적 기능보다는 언어가 갖는 음악적인 요소가 결합되어 신비하고도 오묘한 조화를 이루고 있어 단순한 현실의 상황을 그대로 말하며 나타내는 것이 아니라 언어를 조합하여 의미를 나타내는 언어, 이미지를 나타내는 언어로 생생하게 묘사되고 있음을 작품 전반에서 볼 수 있다.

현대시의 흐름을 잘 파악하여 비유를 시적인 표현의 본질로 생각하고 언어의 조탁彫琢에 보다 힘쓰고 있는 시인의 자질을 보여주고 있음을 신인상 수상 소감에서 밝히고 있다.

「신인상 당선 소식을 듣고 이제 걸음마를 막 시작하는 마음으로 기쁘고 반갑다. 초등학교 시절에 백일장에 나가 입상한 적은 있지만 이제부터는 시인이란 이름으로 글을 써야 한다고 생각하니 두렵기도 하고 가슴이 설레이기도 하다. 새삼 지난 60년의 세월이 시인으로 살아가야 하는 하나의 과정이었다는 생각이 순간 머리를 스친다. 이제 평생 내가 할 수 있는 일을 찾았다. 항상 독자에게 울림을 줄 수 있는 진실한 시를 쓰기 위해 노력하겠다는 다짐을 해 본다.」

강석희 시인은 초등학교 시절 백일장에서 입상한 기억을 잊지 않고 60년의 세월을 시인으로 살아가기 위해 준비한다. 기업체의 대표로 삶의 전선에서 충실할 뿐만 아니라 집안의 가장으로 부모님을 모시고 가족을 부양하며 사는 60이 되는 해에 문득 시를 써야겠다고 다짐한다. 그리고 문예창작 아카데미에 등록하여 글쓰기에 전념한다. 그리고 문예지에 공모하여 당당하게 당선의 기쁨을 누린다.

봄 여름 가을 겨울이 허무의 퇴적을 쌓으며
예순 번을 돌고 돌아 참 오래도 산
길가의 작은 들꽃과 눈을 맞춰 보지도 못하고
맑은 호수에 비친 파란 하늘이
하얀 구름 때문임을 알지도 못했다

이제 예순의 나이가 되어 보니
하늘의 별은 어둠이 있기에 빛나 보이고
가을의 스산함은 봄을 준비하는 것임을,
저녁 노을의 황금빛이 저물면
어둠은 보석 같은 별빛을 쏟아 내리라
한 생각이 바람처럼 스쳐 간다.

—「예순의 깨달음」전문

  시는 사유에서 탄생된다. 사유에는 어떻게 살아갈 것인가 하는 인생관이 있으며 성취되어야 할 목표인 꿈과 희망도 있다. 창의성 있는 글쓰기에서 많은 사유가 필요한 점도 시인의 정서와 밀접한 관계가 있기 때문이다. 즉 많이 생각하라는 말이다. 생각한다는 것은 사유하고, 사색한다는 것이며 우리에게 다양한 상상력을 동반하게 한다. 일상생활에서부터 차원 높은 우주관에 이르기까지 인생을 살아가면서 사람은 사유 없이는 살아갈 수 없는 일이다
  결국 많이 사유한다는 것은 많은 상상력을 빚어낸다는

뜻이다. 이 상상력은 진실한 인생의 고민이 담겨져야 한다.

예순의 나이를 응시하면서 시적인 사유로 발전하는 모습이 「예순의 깨달음」에 표현되어 있다. 봄 여름 가을 겨울이 허무의 퇴적을 쌓으며 사계절을 인내하면서 길가의 작은 들꽃과 눈을 맞춰 보지도 못 한 세월을 이제는 보석 같은 별빛을 쏟아 내리라는 희망으로 바꾸어보는 사유, 즉 인간이 처해 있는 현실과 미래의 유추로 연관 짓는 사유가 필요하게 된다.

이와 같이 어떤 사물이건 관념이건 모든 것들에게 생명력을 부여하고 의미를 찾아보는 사유, 이러한 사유야말로 시를 쓰기 위한 사유가 아닐까 싶다.

> 설악산 금강굴 작은 산막에 어둠이 들면
> 촛불을 밝혀 비장한 마음으로 어둠에 저항한다.
> 마른 나뭇가지 멱살 잡고 거칠게 흔들어 대면
> 산막의 문짝은 삐거덕삐거덕 울어대기 시작하고
> 심란한 마음에 책을 펴들지만
> 글은 거미처럼 흩어져 눈에 들어오지 않아
> 창문을 열면 늙은 소나무 가지 사이엔
> 둥근 달만이 하얗게 분칠한 여인처럼 엿보고 있다
>
> 힘에 겨운 듯 촛불은 몸부림을 치고
> 아무래도 오늘 밤은 어둠과 싸워야 할 것 같다.

분명 아침은 나를 구원하러 올 거니까.

—「희망」 전문

    상상력은 곧 나 자신의 정서와 밀접한 관계에 놓인다. 정서는 모든 사상에 부딪혔을 때 일어나는 다양한 감정을 말한다. 심리적으로는 자극이 되는 대상에서 강하게 일어나는 감정으로써 또는 신체적인 변화가 뚜렷한 것으로써 일정한 상태로 지속되다가 끝나거나 다른 정신 상태로 옮겨가는 의식의 과정을 말한다. 인간이 느낄 수 있는 희노애락喜怒哀樂과 애오욕愛惡慾의 칠정七情이 우리의 오관을 통하여 경험하는 정신적인 산물이 된다. 이러한 정서의 올바른 비축을 위한 사유는 창의성 있는 상상력에서 출발한다. '설악산 금강굴 작은 산막에' 어둠이 들면 '비장한 마음으로 어둠에' 저항하는 아침이 와서 나를 구원하러 온다는 상상력은 강석희 시인의 시 전반에 걸쳐 나타난다.

    구름 걸친 능선에 우뚝 서서
    천년을 살아온 와운 천년 송
    용의 몸통처럼 우람한 기둥은
    굽어지고 휘어진 천 개의 가지에
    천년의 세월이 고스란히 녹아있다

    바람에 실려 온 세상 소식이

가지가지에 주렁주렁 열려 있고
한 여인의 간절한 소원은
갑옷 같은 껍질에 뚝뚝 묻어난다

바람과 햇살과 달빛을 머금고
지리산과 몸을 섞어 하늘로 솟구치며
호령하듯 다가올 천년을 준비하는
지리산의 영원한 천하대장군이다.
—「와운 천년 송」전문

 '장승처럼 우뚝 서서' '천 년을 살아 온 부부 천 년 송' '하늘을 향해 포효한 세월'이 녹아있다. '지리산과 몸을 섞으며' '다가올 천 년을 준비'하며 와운 천 년 송은 백 년도 살지 못하는 사람들을 바라보면서 한숨을 쉬고 있다.
 자연의 언어에 흠뻑 젖어 있는 인상적인 느낌을 시인은 예민한 시각으로 포착하여 마치 사방에 펼쳐놓은 그림을 관망하는 듯하다. 행간의 언어가 너울너울 춤을 추고 깊이 있는 인생을 살아온 감성이 한 폭의 수채화 속에 담겨 이미지의 깊이를 더해 주고 있다.

꽃 중에 예쁜 꽃은 불꽃이다
시시각각 모양을 달리하며
하늘 향해 훨훨 피는 꽃,

얼은 손과 얼은 마음 녹여 주고
스스로를 태워 어둠을 밝히며
짧지만 뜨겁게 살다 지는 꽃,
내 삶을 닮아 예쁘다.

—「불꽃」 전문

  화자는 '영혼을 태우고 어둠을 태우'는 불꽃을 넋 놓고 바라본다. '짧지만 뜨겁게 뜨겁게 피'는 꽃으로 나의 몸과 마음을 따뜻하게 잡아 놓는다. 자연의 변화를 그림 그리듯이 인상과 느낌을 문장으로 세밀하게 묘사하는 시인의 솜씨가 엿보인다.

  강석희 시인은 우리가 미처 보지 못하고 스쳐 지나가는 사물들 속에서 그 본질을 발견해 낸다. 범상한 일상인의 시각에서 벗어난 시인은 불꽃을 세밀하게 묘사함으로써 '꽃 중에 제일 예쁜 꽃'을 통해 우리는 강석희 시인의 정확하고 선명한 마음의 눈을 바라보게 된다.

함박눈이 펑펑 쏟아지는 날
홀연히 떠나가신 어머니
봄꽃 피우러 떠난 발자국이 핸드폰으로 남아
조약돌처럼 닳아버린 핸드폰 전원,
1번을 누르자 "큰아들" 하고
어머니가 나를 부르신다

2번은 작은아들 3번은 딸
4번은 큰며느리 5번은 작은며느리
그곳엔 어머니의 마음이 오롯이
발자국처럼 그대로 남겨져 있다

지울 수 없는 발자국,
어머니의 냄새가 내 손에 뚝뚝 묻어나
봄이 오면 어머니 찾아가야지
눈물 한 방울이 별처럼 핸드폰 위에 박힌다.
　　　　　　　　—「어머니의 핸드폰」전문

'어머니의 냄새가 내 손에 뚝뚝 묻어나' '눈물 한 방울이 별처럼 핸드폰 위'에 박힌다. '함박눈이 펑펑 쏟아지는 날' '홀연히 떠나가신 어머니'의 자식 사랑하는 세월이 핸드폰에 고스란히 저장되어 있다. 소중한 어머니의 모습을 간직하기 위해 몸부림치는 아들의 마음이 와닿는다. 서정적 주체는 반드시 주체의 관점을 통해서 대상을 바라본다. 그 관점은 지극히 주관적이다. 그럼에도 그 주관은 삶의 본질을 날카롭게 가로지르는 주관이자, 어떤 객관적인 언술로도 감당할 수 없는 진실을 향해 비약하는 주관이다. 그리고 독자는 이 당연한 주관성을 엿봄으로써 공감을 느낀다. '어머니의 마음이 오롯이' '발자국처럼 그대로' 남겨져 있어 무엇보다 이 내밀하고 주관적인 관점이 우리에게 건네는 공감이야말로 시의 아름다움이 갖는 본질적인 것이다. 봄이 오면 어머니 찾아가는 화자의 선명한 모습이 독자의 울림을 극대화하고 있다.

> 풀숲에 스르륵 숨어드는 뱀처럼
> 나는 산속으로 들어가 숨었다
> 깊은 산속에 거미집을 지어서
> 고운 달빛 처마 끝에 걸어놓고
> 시루떡처럼 쌓인 사상을 꺼내어
> 허기진 의식의 공간을 채운다
>
> 적막은 사유의 깊이를 더하고
> 번뇌는 망각의 언저리에 안주하여
> 발아된 자아가 어둠을 헤치고
> 교교한 달빛에 화살을 쏘았다
> 깨진 달빛이 나를 덮쳐 오고
> 별들이 우박처럼 쏟아지며
> 나는 완벽한 포로가 된다.
>
> ―「도망자」 전문

 일상어를 시의 언어로 만들기까지 깎고 다듬어야 비로소 시의 언어가 될 수 있다. 여백 있는 그림이 보기에 편하듯이 글쓰기에서 중요한 것 중의 하나는 '여백'이다. 설

명으로 가득 찬 글은 읽기가 벅차다. 글 쓴 사람이 설명을 다 해주기 때문에 달리 생각할 필요도 없다. 시가 언어 예술로서의 기본적인 꼴을 갖추었는가의 여부는 묘사의 정도에 따라 결정된다. 사물에 대한 묘사 능력으로 시의 품격을 판단할 수도 있다는 말이다. 묘사는 시 쓰기의 출발이면서, 또한 마지막이라고 할 수 있다. 독자는 묘사된 사물이나 현상을 찬찬히 따라가면서 자기 나름대로의 상상력을 발동시키게 된다. 시를 쓰려면 마음의 눈으로 사물을 바라보아야 한다. 섬세한 관찰과 발견, 그리고 정확한 표현은 기본이다. '풀숲에 스르륵 숨어든 초록 뱀처럼', '산속에 거미집'을 짓는다. 자연을 통해서 인간과의 교감을 면밀하게 보여주는 표현이다. 좋은 시가 되기 위해서는 보다 새로운 것, 지금껏 아무도 사용하지 않은 표현을 사용해야 한다는 것인데 강석희 시인은 「도망자」에서 참신한 발상으로 사물의 모습을 새로운 눈길로 그려 나가면서 시를 대하는 애정의 깊이가 남다르다.

　서정적 자아는 우선 독자, 즉 수용자의 문제에 관심을 기울인다. 독자가 문학 작품을 읽는 것은 세계를 더욱 깊게 이해하고자 하는 것인데 독자는 백지의 상태에서 작품을 받아들이는 것이 아니라, 자신의 경험과 체험을 바탕으로 이를 받아들인다. 즉, 독자는 작품을 매개로 작자의 체험과 자신의 경험을 교섭시키는 것인데, 이 과정에서 독자는 작품 해석의 주체로 자신의 경험 세계를 확장하고 수정해 나갈 것이며, 이를 통해 작품의 의미 또한, 새롭게 생성될 것이다. '고요는 적막을 끌어와 사유의 깊이를 더하고', '교교한 달빛에' 화살을 쏘며 결국은 '우박처럼 쏟아지는' 별들에게 나는 갇힌다. 작품 해석이 독자에 따라 다양하게 변화될 수 있다는 점을 제시함으로써 독자의 역할을 부각시키고 있는 작품이다.

> 숲 깊숙이 들어가 본다
> 몸은 서서히 녹색으로 물들고
> 헤엄치듯 숲 사이를 걸어가며
> 깊고 푸른 숲의 바다에 빠져든다
>
> 새들의 노래는 물결처럼 퍼져나가
> 푸른 잎을 살랑대며 춤추게 한다
> 나는 물고기처럼 휘적휘적
> 숲의 한 조각으로 떨어져 나온다.
> ―「숲에서의 유영」 전문

 자연의 언어와 어우러지는 맑은 서정이 돋보인다. 신비한 자연의 세계에서 소음을 제거하고 자연의 언어만으로 '숲 깊숙이 들어가', '몸은 서서히 녹색'으로 물들어 가는 자신을 발견한다. 같은 사물을 보더라도 마음의 중심에 따라 세상은 전혀 다르게 보이기도 하고 그 속에서 새로움을 찾기도 한다. '새들의 노래는', '푸른 잎을 살랑대며 춤추게'하고 나는 '물고기처럼 휘적휘적', '숲의 한 조각으로 떨어져 나'오는 숲에서의 유영이 참신하다.

> 마당에 서리처럼 쌓인 달빛 위엔
> 동동거린 발자국도 쌓여 있다
> 열린 사립문엔 바람만 왔다 갔다
> 단풍 따라 온다던 그대는 소식이 없고
> 찬바람에 우수수 날리는 낙엽처럼
> 애달픈 마음만 허공에 흩어진다.
> ―「기다림」 전문

 현대시는 전달이 아닌 구체성을 본질로 하고 있다. 무엇인가 표현하기 위해서는 체험을 통해서 새겨진 상으로 드러내야 하는데 그 상으로 보존 유지하는 것이 이미지다.
 우리들의 지각 활동 중 가장 많은 부분이 시각에 의존되고 있으므로 이미지는 그 무엇인가를 가장 구체적으로 드러낼 수 있는 기능을 맡고 있다. 이미지는 그림으로 가장 잘 표현할 수 있는 대표적인 방식이다. 더구나 현대시가 사물만이 아니라, 의식이나 감정 그리고 심리적인 적용까지도 어떤 형상으로 재현하기를 희망하고 있다면 이미지는 대표적인 방법이라고 할 수 있다. 그렇다면 묘사형 시에서만 긴장감이 팽팽하게 살아 있는 것인가? 꼭 그런 것

만은 아니다. 진술형 시에서도 얼마든지 긴장을 늦추지 않는 좋은 시가 있다. 치밀한 계획과 구성에 의한 묘사의 도움 없이는 시가 읽는 사람의 가슴을 파고들기 힘들다.

해발 8,848m로, 세계에서 가장 높은 산인 에베레스트. 뉴질랜드의 등산가이자 탐험가인 에드먼드 힐러리는 에베레스트산을 정복한 최초의 인물이다. 하지만 그도 첫 등반으로 에베레스트 등정이라는 쾌거를 이룬 것은 아니다. 여러 번 에베레스트 등정을 시도했다. 에드먼드 힐러리의 열정적인 도전은 긴 준비와 극한의 노력에도 불구하고 실패하고 말았다. 하지만, 그는 실패할 때마다 설산을 향해 말했다.

"산아, 너는 자라지 못한다. 그러나 나는 계속 자라날 것이다. 내 기술도, 내 힘도, 내 경험도, 장비도 자라날 것이다. 나는 다시 돌아온다. 그리고 기어이 네 정상에 나는 설 것이다."

그리고 10여 년이 지났다. 밤사이 텐트 밖에 놓아둔 신발이 꽁꽁 얼어붙어 신발을 녹이는 데만 2시간이 걸렸다. 그래도 에드먼드 힐러리는 포기하지 않고 계속 전진했다.

1953년 5월 29일 아침, 12m나 되는 빙벽이 그를 가로막았지만, 끝내 올라 꿈에 그리던 정상에 다다랐다. 인간 승리의 순간이었다.

세상에 아무리 힘들고 어려운 일이라도 반드시 그 끝은

있는 법이다. 하지만 인간의 꿈과 의지에는 끝이 없다. 단번에 이루어지지는 않겠지만, 오늘도 끊임없이 자신에게 외치며 도전해야 한다.

우리는 세상을 살아가면서 이미 너무나도 낯익은 것들에 길들어 있어서 낯익은 것들을 새롭게 바라보지 못하고 기계적이고 관습적으로 바라보는 경우가 많다. 관습적이고 기계적인 것들을 일깨워서 새로운 생명을 불어넣어 재창조해내야 한다. 대상을 새로운 관점에서 바라보고 신선하고 새로운 언어로 표현하는 상상력이나 창의력은 대상을 다른 사람과 다르게 바라보고 이것을 자신의 표현법으로 낯설고 새롭게 표현해 내는데서 생겨난다.

새로운 관점에서 새로운 표현법으로 창작하기 위해서는 우선 고정관념을 없애야 한다. 자유로운 상상력이나 사유(생각)를 통해서 그것들을 새롭게 바라보고 재해석해서 새롭게 표현을 하는 것이다.

고정관념의 틀에서 빠져나오려면 우리의 정신과 생각을 자유롭게 풀어주어야 한다. 그렇게 하기 위해서는 우선 발상의 전환이 필요하다. 어떤 특정한 가치와 삶의 방식에 얽매이지 않으면서 끊임없이 자기를 부정하고 새로운 자아를 찾아가야 한다. 기존에 가지고 있던 고정관념을 부수고 자아와 사물의 고정적인 이미지를 지워버리고 그 위에 새로운 상상력을 펼칠 수 있어야 한다. 새로운 상상력은 자유로운 정신에서 나오고, 이것이야말로 새롭고 좋은 글의 원천이 된다.

  강석희 시인은 이제 첫 시집을 낸다. 현재에 만족하지 않고 계속해서 도전하길 바란다. 강석희 시인의 언어 표현 능력은 울림으로 시작한다. 시가 언어 예술이라는 자각을 가지고 자연을 관찰하고 발견하여 정확한 표현을 할 뿐만 아니라 투사와 유추, 연상하는 시인의 면모를 엿볼 수 있다. 무엇보다 중요한 울림은 강석희 시인의 언어 표현에 진솔함이 있다는 것이다. 독자의 감성을 깨우는 깊은 울림으로 피어나는 작품을 쉼 없이 계속 써서 대성하기를 바란다.